Chanoine Joseph Schafer

Prions pour les prêtres

Editions du Parvis
1648 Hauteville / Suisse

Edition francaise
NIHIL OBSTAT ET IMPRIMATUR
Friburgi Helv. die 7a augusti 1995
Jacques Richoz, vicarius generalis

Editions du Parvis
Route de l'Eglise 71
1648 Hauteville / Suisse

Tél. 0041 26 915 93 93 Fax 0041 26 915 93 99
librairie@parvis.ch www.parvis.ch

Imprimé en U.E.
ISBN 978-288022-392-2

1. Seigneur, envoie des ouvriers dans ta moisson

Pr. Le Seigneur a dit à ses disciples: «La moisson est grande, mais les ouvriers sont peu nombreux.»

Tous Seigneur / la moisson est grande, aujourd'hui comme hier.

Pr. Sauveur des hommes / accorde ton pardon à l'humanité d'aujourd'hui.

Tous Rédempteur des siècles / viens aussi à notre secours en ce temps qui est le nôtre.

Pr. Demandons au Maître de la moisson d'envoyer des ouvriers dans sa moisson.

Tous Seigneur envoie des ouvriers dans ta moisson.

Pr. Seigneur, suscite pour ton Fils des vocations au sacerdoce.

Tous Donne à ceux qui veulent Te suivre / d'aller là où Tu les invites / Fortifie-les contre les assauts du mal / Donne-leur de pouvoir résister aux puissances des ténèbres / Donne-leur le langage qui puisse persuader les hommes de ce temps. / Donne-leur un cœur vaillant pour répondre à ton amour. Donne-leur le feu de l'Esprit Saint.

Pr. Seigneur envoie des ouvriers à ta moisson.

Tous Seigneur envoie des ouvriers à ta moisson.

Pr. Jésus-Christ, Tu as semé le bon grain et déjà le Règne de Dieu grandit dans les cœurs.

Tous Tu veux qu'aucun grain ne soit perdu. / Nous avons besoin de secours pour soutenir la faiblesse des hommes. / Nous avons besoin d'un consolateur / pour soulager la souffrance des hommes. / Nous avons besoin de mains / semblables à tes mains / pour nous bénir. / Nous avons besoin de pied / semblables à tes pieds / qui ne sentent pas la fatigue. / Nous avons besoin d'yeux / pour voir au fond des cœurs.

Pr. Et beaucoup attendent en vain et risquent de s'égarer.

Tous Envoie, Seigneur, des ouvriers à ta moisson.

Pr. Ô Marie, douce et sainte Mère de prêtres:

Tous Protège tous ceux qui se préparent au sacerdoce, / garde-les de tout péril intérieur ou extérieur / qui menace leur vocation. /

Donne-leur une bonne santé, / la réussite dans leurs études / et tout ce qui leur permettra d'accéder au sacerdoce. / Accorde à ceux que de toute éternité tu as appelés / de savoir répondre à ton appel / et de t'obéir généreusement. / Communique-leur l'Esprit de sagesse et de discernement,/l'Esprit de conseil et de force,/l'Esprit de connaissance et de piété filiale,/l'Esprit de soumission/afin qu'ils soient de bons prêtres/vous, saints évêques et Saints prêtres,/vous tous, saints patrons et protecteurs des jeunes, intercédez pour les futurs prêtres. Jésus Grand-prêtre parmi les prêtres,/bénis tous ceux qui se préparent au sacerdoce./Amen.

2. Père, l'heure est venue

Pr. Divin Prêtre éternel, Jésus-Christ, que montent, avec les mots de ta Prière sacerdotale, nos supplications vers le Père.

Tous Nous prions pour nos prêtres.

Pr. Père, l'heure est venue, glorifie maintenant ton Fils, afin qu'Il Te glorifie, Lui qui T'a glorifié sur la terre, par l'œuvre qu'Il a accomplie selon ta Volonté.

Tous Père/bénie soit l'œuvre de ton Fils./Bénie soit sa sainte Eglise. Tes serviteurs travaillent à ton œuvre et à ta gloire. Rends-les dignes d'accomplir leur tâche.

Pr. Je prie maintenant pour eux. Je ne prie pas pour le monde, mais pour ceux que Tu m'as donnés. Ils sont à Toi.

Tous Ils veulent être à Toi, Seigneur, / et demeurer en Toi. / Accepte l'offrande de leur vie. / Rends-les saints et sanctifie leur œuvre.

Pr. Je ne demande pas que Tu les retires du monde, mais protège-les contre le Mal.

Tous Protège-les du mal. / Préserve-les des tentations du monde. Fais disparaître en eux la recherche des satisfactions terrestres. / Garde-les purs, chastes et sans tache. Qu'ils soient les dignes intendants des Mystères de Dieu.

Pr. Comme le Père m'a envoyé dans le monde, Je vous envoie. Allez par toute la terre.

Tous Père. Tu as envoyé ton Fils, / afin qu'Il accomplisse ta volonté à travers ses souffrances et sa mort. / De même, fortifie tes serviteurs qui portent la Croix et qui souffrent, / afin qu'ils accomplissent leur mission.

Pr. Divin Sauveur, Jésus-Christ,

Tous Tu as confié à tes prêtres de faire grandir ton Eglise. / Avec toute la ferveur de nos cœurs / nous Te prions pour le travail apostolique de tous et chacun de nos prêtres. / Donne-leur une sainteté toujours plus grande pour accomplir leur mission sacerdotale. / Rends leur cœur plus largement ouvert dans leur ministère. / Remplis leur cœur d'amour pour Toi et pour tous les fidèles en chemin vers la sainteté et vers ton Royaume. / Répands sur eux ta grâce en abondance. Aide-les à agir dans l'amour et la fidélité à notre Saint-Père le Pape et à nos évêques. / Qu'ils soient un exemple de la pratique des vertus. A nous, Seigneur, donne un véritable esprit de foi / et l'humilité dans l'obéissance et la soumission à ta Volonté / afin qu'en recherchant notre salut, nous soyons toujours des modèles pour le monde, / de dignes imitateurs de Jésus-Christ, fermement résolus à suivre son enseignement. / Amen.

3. Seigneur, accorde ta grâce à tes serviteurs: qu'ils puisent leur force dans la célébration de tes mystères

Pr. Quand un prêtre ploie sous le poids de la Croix,
Tous relève-le, Seigneur, par tes Mystères.
Pr. Quand un prêtre doute de sa vocation,
Tous fortifie-le, Seigneur, par tes Mystères.
Pr. Quand un prêtre s'use à la tâche,
Tous raffermis-le, Seigneur, par tes Mystères.
Pr. Quand un prêtre s'écarte du droit chemin,
Tous éclaire-le, Seigneur, par tes Mystères.

Pr. Quand un prêtre prie pour le salut des âmes,

Tous exauce-le, Seigneur, par tes Mystères.

Pr. Quand un prêtre est aux prises avec le Mal,

Tous redonne-lui courage, Seigneur, par tes Mystères.

Pr. Quand un prêtre est persécuté et entravé dans son ministère à cause de ton Nom,

Tous libère-le, Seigneur, par tes Mystères.

Pr. Quand un prêtre est exposé aux dangers du monde,

Tous protège-le, Seigneur, par tes Mystères.

Pr. Quand un prêtre se trouve en face d'une cause perdue,

Tous sauve-le, Seigneur, par tes Mystères.

Pr. Quand un prêtre risque la torture et le martyre,

Tous donne-lui, Seigneur, la force par tes Mystères.

Pr. A tous les prêtres défunts,

Tous donne, Seigneur, la joie éternelle par tes Mystères.

Pr. A tous les prêtres en mission dans le monde,

Tous donne, Seigneur, ta grâce et ta bénédiction par tes Mystères.

Pr. Au milieu des ténèbres de ce monde, accorde, Seigneur, à tes prêtres d'être lumière pour tout homme,

Tous afin que tous reconnaissent que c'est Toi qui les as envoyés.

Pr. Seigneur Jésus,

Tous donne la sainteté à tes prêtres, Seigneur./ Comble-les de ta force et de ta grâce / pour les aider à vivre leur vocation / et qu'ils soient de bons pasteurs / par leur parole et l'exemple de leur vie / et conduisent chacun sur le bon chemin. / Bénis toutes leurs activités et reçois l'offrande de toute leur vie. / Bénis leur prière, leur prédication à l'Eucharistie et dans le sacrement de Réconciliation. / Bénis l'enseignement qu'ils prodiguent aux enfants et aux chrétiens rassemblés. / Bénis leur présence au chevet des malades et des mourants. / Sauveur du monde, / sanctifie tous les prêtres et ceux qui se préparent au sacerdoce. / Amen.

4. Seigneur, rends-les forts dans ton Amour

Pr. Prions pour notre Saint-Père le pape (N).

Tous Que le Seigneur lui donne la santé et la force / pour accomplir sa mission / qu'Il lui accorde la paix du cœur / et qu'Il le préserve de tout mal.

Pr. Prions.

Tous Seigneur protège et guide notre Saint-Père le pape (N.) / que tu as choisi / comme successeur de l'apôtre Pierre / pour être ici-bas le chef de ton Eglise. / Eclaire-le de la lumière de ton Esprit / Accorde-lui la force de ta grâce / afin qu'il dirige sagement ton Eglise / et nous conduise sur les traces du Sauveur / vers la vie éternelle. / Amen.

Pr. Prions pour notre évêque (N.)

Tous Jésus, Bon Pasteur de nos âmes, / donne à notre évêque ton Esprit Saint: / qu'il fasse de lui un bon pasteur selon ton cœur: qu'il accomplisse dignement sa fonction / et mette en Toi seul son espérance, / afin qu'à l'heure de ton Retour pour nous juger, / nous soyons sa couronne et sa joie / et que lui-même reçoive de Toi la récompense éternelle. / Amen.

Pr. Ô Jésus, Grand prêtre éternel, Tu t'es offert pour les tiens en accomplissant la volonté de ton Père: donne maintenant à ceux qui t'appartiennent la grâce de remplir leur mission parfaitement et dignement, selon l'exemple de ta sainte Mère,

Tous elle est la médiatrice de toute grâce, / la Mère du Bel Amour, / la Mère du Bon Pasteur.

Pr. Allume en eux le feu de ton Amour.

Tous Fais grandir en eux la flamme de ton amour.

Pr. Seigneur Jésus, Toi qui as prié ton Père en disant: «Que l'amour que tu m'as donné soit en eux et Moi en eux.» Seigneur Jésus, Toi en eux

Tous et eux en Toi.

Pr. Divin Sauveur, Jésus-Christ,

Tous Tu as confié aux prêtres / qui continuent en ton nom ton œuvre de rédemption / de dispenser ta grâce pour le salut du monde. / Par l'intercession de ta très sainte Mère, / nous t'offrons notre prière, notre travail, / nos sacrifices et nos peines / pour la sanctification de tes prêtres d'aujourd'hui et de demain. / Donne-nous des prêtres saints et généreux, tout remplis du feu de ton Amour / et qui n'aient qu'un désir: / œuvrer pour la gloire de Dieu et le salut du monde. / Sainte Vierge Marie, Mère des prêtres, / prends en particulière protection tous les prêtres, / tends la main à ceux qui s'égarent / et qui ne restent pas fidèles à l'appel / et ramène-les auprès du Bon Pasteur. / Amen.

J. Schafer, chanoine

Prière pour les vocations sacerdotales

Jésus, Divin Pasteur, Tu as appelé les apôtres et Tu les as faits pêcheurs d'hommes. Appelle également aujourd'hui des jeunes gens à ta suite / et à ton service.

Pr. Tu t'es donné, Seigneur pour être toujours parmi nous. Ton sacrifice est perpétué sur nos autels, pour que tout homme puisse avoir part au salut.

Tous Fais que tous ceux que tu appelles / reconnaissent Ton appel / et y répondent. / Ouvre leurs yeux pour que s'épanouisse le monde entier / pour ceux et celles qui cherchent en silence / la lumière de la vérité / et la chaleur de l'amour véritable.

Pr. Donne-leur de rester fidèles à ton appel dans leur mission de prêtres, dans la célébration de la sainte Eucharistie et dans la poursuite de l'apostolat.

Tous Donne-leur d'être le sel de la terre / et la lumière du monde.

Pr. Fais aussi, Seigneur, que de nombreuses femmes et jeunes filles répondent à l'appel de ton Amour. Eveille dans leur cœur le désir de suivre l'Evangile et de se mettre au service de l'Eglise.

Tous Accorde-leur la grâce d'être disposées à venir en aide à tous ceux et à toutes celles qui ont besoin d'une main secourable et de chaleur humaine. Amen.

Pape Paul VI

Invocations pour le monde

Jésus, Sauveur du monde, en regardant le peuple qui voulait entendre ton message, Tu as dit autrefois à tes disciples: «*La moisson est grande, mais les ouvriers sont peu nombreux; demandez donc au Maître qu'il envoie des ouvriers à sa moisson.*» (Mt 9,37), c'est pourquoi nous Te prions, Seigneur:

- Donne à tous ceux que Tu appelles la grâce d'entendre et de suivre ton appel.

- Fais que tous ceux qui sont au service de ton Eglise soient confirmés et grandissent toujours davantage dans leur foi.

- Apprends-leur à prier et à rester attachés à Toi en notre temps difficile et troublé.

- Rends-les forts, pour qu'ils ne reculent pas devant les renoncements et ne succombent pas aux tentations.

- Fais que tous ceux qui œuvrent au sein de ton Eglise, soient de bons et joyeux serviteurs de ton Royaume.

Ainsi, ton Royaume viendra dans le monde d'aujourd'hui et s'étendra toujours plus pour le salut des hommes et la gloire du Père, qui vit et règne avec Toi et le Saint-Esprit, maintenant et pour les siècles des siècles. Amen.

Aide mémoire

Cette prière a été composée par le chanoine Joseph Schafer, Notre-Dame, à Fribourg. La première édition est apparue en 1955, signée par L. Waeber, vic. gén. Une réédition, en 1960, est signée également par Mgr Waeber, et une 3e édition, en 1962, est signée par Théophile Perroud, vic. gén.